CAUSES

DE LA CHUTE

DE LOUIS XVIII.

CAUSES

DE LA CHUTE

DE LOUIS XVIII.

A PARIS,

Palais-Royal, chez les Marchands de Nouveautés,

CAUSES

DE LA CHUTE

DE LOUIS XVIII.

Napoléon avait porté la puissance et la gloire de la France, des colonnes d'Hercule à la Baltique, de l'Océan aux mers Illyriennes. Il l'avait rendue la première nation du monde, et sa capitale devait aussi, par sa splendeur, sa magnificence, s'élever au-dessus de toutes les cités. L'Angleterre qui, depuis vingt-cinq ans, alimentait l'incendie du continent, touchait elle-même à sa ruine. C'en était fait ; cette lutte terrible et sans exemple allait finir, lorsqu'il plut à celui qui tient dans ses mains la destinée des empires, de donner à la terre l'exemple d'un héros aux prises avec la fortune, et d'épurer, au creuset du malheur, son ame trop enivrée peut-être de tant de prospérités.

L'intempérie d'un climat glacé détruit en quelques jours une partie de la plus puissante armée qui eût encore épouvanté les peuples du Nord. La défection subite et imprévue de nos alliés, et sur-tout de deux princes qui devaient leur fortune et leur élévation au chef de la France, causent la défaite d'une seconde armée et préparent une invasion qui dut son succès à de nouvelles trahisons. La capitale de l'empire est vendue à l'étranger, on fait couler à plaisir le sang français ; car on savait que, dans ce combat, la défense des braves qui se sacrifiaient était inutile. La ville, l'artillerie, les munitions, tout est livré.

Bonaparte pouvait se défendre encore. Il eut horreur de l'affreuse dévastation dont il allait être le prétexte. Il préféra l'exil. Trait remarquable dans un homme qu'on cherche à peindre comme ennemi de l'humanité. Les hommes inhumains sont ceux qui perdent à dessein des batailles, qui appellent l'étranger au sein de leur patrie, qui organisent la guerre civile pour se rétablir sur un trône où ils ne peuvent se soutenir.

Si le projet de Bonaparte avait été de couler des jours stériles dans une obscure retraite, le traité qu'il s'était vu dans la nécessité de signer aurait terni ses exploits et compromis sa gloire. Mais son dessein fut d'épargner à la France, à cette belle France dont il eût voulu élever la gloire jusqu'aux astres, et étendre la puissance aux confins du monde, des désastres affreux sous lesquels elle pouvait succomber, et de continuer à veiller sur ses destinées.

Le peuple soupirait après le repos. L'Anglais profite du moment, il jette sur le sol français des émigrés qui lui étaient à charge, et fait proclamer les Bourbons.

La capitale avait été livrée, mais le grand empire n'était pas conquis. La possession de la Hollande et des places les plus importantes de l'Allemagne, de l'Italie, de l'Espagne, mettaient les vaincus à portée d'obtenir des conditions honorables de la part des prétendus vainqueurs. Qui le croira ? le premier acte émané du gouvernement provisoire qui venait d'être remis entre les mains du frère du roi, ordonne l'évacuation de toutes les forteresses que nous occupons hors de nos anciennes limites, de livrer ports, vaisseaux, canons, munitions, etc., et cela sans avoir obtenu des alliés la garantie qu'ils suivront, de leur côté, cet exemple inoui. de modération, et qu'ils renonceront à toute prétention, l'un sur la Pologne, l'autre sur la Saxe, celui-ci sur la Belgique, celui - là sur l'Italie. O le plus inepte des hommes qui, d'un trait de plume, souscrit l'humiliation de la France, lui enlève à l'extérieur toute influence, toute considération, et la fait descendre au rang des états secondaires ! Race abâtardie, devenue étrangère à l'honneur français ! Indignes fils de Henri, dites-le, ce héros dont vous prétendez que le sang coule dans vos veines, aurait-il signé de pareils préliminaires ? . . .

Le roi, à son arrivée, nous fait don, de son plein gré, de son propre mouvement, d'une charte à la garantie de laquelle personne ne se trouve lié, ni le monarque qui la viole presque aussitôt, ni ses descendans qui ne prêtent point le serment de la maintenir, ni le peuple à l'acceptation duquel elle n'est point soumise. Les circonstances dans lesquelles les princes sont venus, devant le corps législatif, jurer de se rallier à cette charte, est la plus forte preuve, quand bien même la doctrine des royalistes, à cet égard, ne nous eût pas été révélée par leurs écrits, que ce code ne nous fut point donné de bonne foi ; qu'il n'était qu'une planche jetée sur l'abîme qui sépare le nouveau de l'ancien ordre de choses.

Cela est si vrai, que l'existence seule de cette constitution porte la condamnation du roi lui-même et de tous ceux qui ont suivi sa fortune. Que voulait la France en 1789, en 1790, en 1791 ? L'établissement des mêmes principes de liberté, d'égalité, consacrés dans la charte de 1814. Or, ceux qui, pour s'opposer à l'établissement de ces principes, ont appelé sur leur patrie l'invasion de l'étranger ; qui l'ont tourmentée par la guerre civile, par la famine, par tous les fléaux, se sont donc trouvés manifestement en opposition avec la volonté de la nation, et ont commis le plus affreux des attentats. Si le monarque fut lui-même du nombre de ces hommes coupables ; si, depuis son retour, il confiait le dépôt et la défense de sa charte à ces mêmes hommes qui se sont armés contre l'indépendance, contre la liberté de leur pays, et qui seuls sont responsables des désordres et des maux soufferts dans la révolution ; s'il leur donnait toute influence ; s'ils étaient l'objet de ses faveurs, de sa prédilection ; s'il versait sur eux les trésors de l'état, pour payer tant de forfaits commis pour étouffer ces mêmes principes inscrits dans la charte ; s'il traitait de brigandage, de rebellion, la guerre entreprise pour la défense de ces principes, et si, pour rehausser les beaux exploits des Chouans, des Vendéens, il ternissait la gloire de nos intrépides guerriers, comme il diminuait leur solde pour augmenter les pensions de ces hommes nourris dans la guerre civile et toujours altérés des vengeances ; si des monumens devaient être érigés en France, à ces défenseurs du fanatisme, à ces ennemis de toute liberté (1), il est clair que le roi dont on a tant vanté la bonté, l'humanité, est tombé dans la plus étrange des contradictions, ou que l'énoncé de la charte n'était qu'un piège tendu à notre bonne foi, et qu'elle n'avait été promulguée que pour être détruite un jour.

---

(1) Je ne parle point ici des habitans du pays, qui abhorrent la guerre civile dont ils ont été les victimes ; mais je veux parler de ces aventuriers que l'Angleterre y jette pour déchirer notre patrie.

Si l'état présent de la France, courbée sous l'influence de l'étranger, remplissait d'amertume tout cœur vraiment français, l'avenir était plus inquiétant encore. La misère, l'humiliation, les spoliations, les proscriptions, voilà quelle était la perspective de tous les hommes qui ont donné quelques gages à cette révolution qui devait régénérer la patrie.

Une cour dévote, se nourrissant de souvenirs amers et s'abreuvant de fiel, ne convient point à la France. L'opinion a mis des bornes au pouvoir du clergé. Un Français voit avec horreur un prêtre qui, du haut de sa chaire, irrite les passions, se fait l'apôtre de la guerre civile, et, le crucifix à la main, promet des récompenses éternelles à celui qui déchirera sa patrie, ou portera le poignard dans le sein de son frère. Qui n'a frémi en voyant Louis XVIII, ce bon roi, accorder des décorations et une forte pension à une furie qui, dans un écrit, imprimé par ordre de la cour, s'est vantée d'avoir tranché la tête de son oncle !..... Malheureuse !

retourne sur un sol étranger jouir du prix de ton exécrable forfait. Non, tous ces hommes qui ont porté les armes contre la patrie, et que nous voyions entourer le trône, ces hommes dont les trophées sont la ruine de nos maisons, les exploits des assassinats, ne sont point de notre siècle, de notre nation, ils ont un air étranger auquel nous n'avons pu nous habituer; ce ne sont point des Français.

NAPOLÉON, voyant et notre humiliation et le mépris qu'un gouvernement faible et maladroit versait sur nos braves soldats, et la perte irréparable de tant de travaux, de tant de sang versé, de tant de sacrifices, débarque avec une poignée d'hommes, et son trajet depuis le golfe Juan jusqu'à Paris, n'est pas le trait le moins étonnant de son histoire. Il arrive, et déjà la jeunesse française, dans son bouillant enthousiasme, brûle de venger nos affronts, et de redonner à la patrie les limites et l'attitude qui lui conviennent. En vain Louis XVIII et ses fidèles émigrés nous menacent, comme au commencement de la révolution, de la guerre civile et de la guerre étrangère. Ces hommes humains, après avoir tenté des efforts inouis pour armer les gardes nationales contre la troupe de ligne, remettent leur vengeance entre les mains de l'étranger. Mais s'il prétend nous asservir, le sol de la liberté le dévorera.

Que les vrais amis de la patrie et de l'honneur national se rallient, qu'ils se serrent en faisceau, qu'ils méprisent les vaines menaces de lâches qu'ils ont cent fois vaincus ; mais qu'instruits par une cruelle expérience, ils restent toujours unis.

NAPOLÉON sait qu'il trouvera toujours son plus ferme appui dans les hommes énergiques qui n'ont cessé de donner des gages à la révolution, et qui sont prêts encore à se sacrifier pour le salut de leur pays ; et dans ce peuple magnanime (traité par le roi de *vile populace*), qui fait la véritable force de l'Etat, et la plus grande ressource d'un gouvernement qui veut déployer toute sa puissance.

Français ! craignons l'avilissement plus que la mort, et que notre cri de ralliement soit HONNEUR, PATRIE, LIBERTÉ.

BESCHER.

DE L'IMPRIMERIE DE RENAUDIÈRE,
rue des Prouvaires, n°. 16.